ラヴェルピアノ作品全集 V

実用版
運指・ペダル記号付

ラヴェル
Maurice Ravel

小品集
Pièces pour Piano

表紙絵：ミュシャ

CONTENTS

SÉRÉNADE GROTESQUE ———— 3
グロテスクなセレナード

MENUET ANTIQUE ———— 12
古風なメヌエット

MENUET SUR LE NOM DE HAYDN ———— 20
ハイドンの名によるメヌエット

À LA MANIÈRE DE... BORODINE (Valse) ———— 22
ボロディン風に（ワルツ）

À LA MANIÈRE DE... EMMANUEL CHABRIER – 26
Paraphrase sur un air de Gounod (Faust IIIème acte)
シャブリエ風に
グノーのアリアによるパラフレーズ（ファウスト第3幕）

PRÉLUDE ———— 28
プレリュード

ハンナ

SÉRÉNADE GROTESQUE

グロテスクなセレナード

à RICARDO VIÑES

MENUET ANTIQUE

古風なメヌエット

注 cis 音をペダルを離す前に音を鳴らさず再度弾きタイ音を残す。

MENUET SUR LE NOM DE HAYDN

ハイドンの名によるメヌエット

注 ソステヌート・ペダルを使ってもよい。

À LA MANIÈRE DE... BORODINE

ボロディン風に

(Valse)
(ワルツ)

24

À LA MANIÈRE DE... EMMANUEL CHABRIER

シャブリエ風に

Paraphrase sur un air de Gounod (Faust IIIème acte)

グノーのアリアによるパラフレーズ（ファウスト第3幕）

à Mademoiselle Jeanne LELEU

PRÉLUDE
プレリュード

(充分遅く、大変表情豊かに)(自由なリズムで)(♩=約60)
Assez lent et très expressif (d'un rythme libre) ♩=60 environ

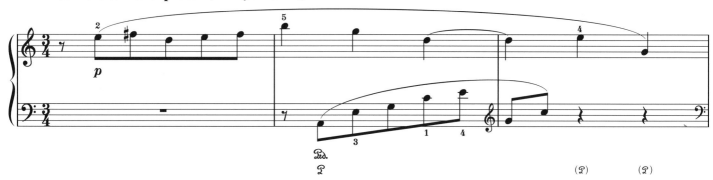
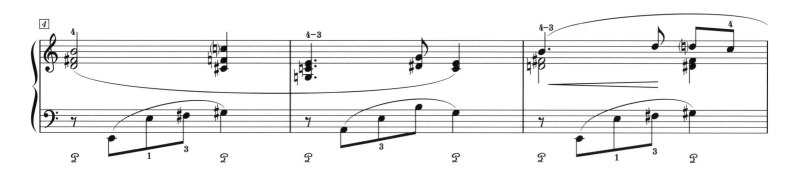
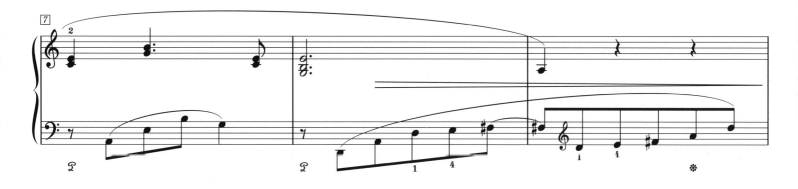
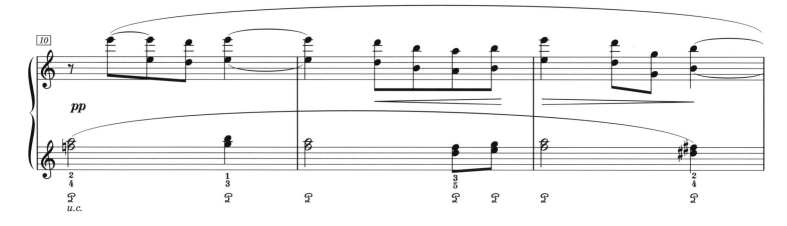

ラヴェルピアノ作品全集Ⅴ「小品集」

中井正子　ピアニスト

楽曲解説

グロテスクなセレナード

　《鏡》の〈道化師の朝の歌〉を思わせる、ラヴェルのスペイン趣味がすでに見られる初期の作品で、1893年頃に作曲されたようですが、生前は未出版だった作品です。

　ギター音楽とスペイン民謡の特徴を暗示するような断片的なフレーズが出てきます。ギター風の鋭いリズムの和音と、スペイン風の節回しが、半音階的な摩擦による不協和音を生み出し、風刺的で生き生きとした音楽が聞かれます。ラヴェルの和声とリズムの扱い方の才能がすでにあらわれている作品です。

古風なメヌエット

　1895年に作曲されたこのメヌエットは、シャブリエの《華やかなメヌエット》をモデルにして、《古風な～》という気の利いたタイトルを付けたのでしょう。

　「古風な」とは、導音をわざと使わないで、主音に音階7度音から長2度音程で終止する、旋法的な手法を意味しています。またいつもシンコペーションで、音楽が1拍ずれたりヘミオラ・リズム（3：2）で進行するため、ラヴェル的な人工的な感じもします。

　同主長調の嬰ヘ長調によるトリオは、古典派風ですが、やはり3拍子に対して2拍子のヘミオラ・リズムのフレーズがしばしば現れます（たとえば56小節以降の左手を見れば、この仕掛けがわかります）。これもメヌエット主部と同じように、ラヴェルの人工的なひねりがある特徴的な作曲法です。

　またトリオの最後72小節以降で、トリオの旋律にメヌエットの冒頭旋律は対位法的に組み合わされます。《クープランの墓》の〈メヌエット〉にも見られる手法です。

ハイドンの名によるメヌエット

　ハイドン没後100年記念（1909年）のために作曲されたこのメヌエットは、26のアルファベット文字を3オクターヴ半の音階にあてはめ、ハイドンの名前のアルファベットが音名に置きかえられています。楽譜中にも記されているように、原音列シ-ラ-レ-レ-ソとその逆行ソ-レ-レ-ラ-シ＝19～20小節と逆反行レ-ソ-ソ-ド（♯）-シ＝25～26小節が

主題として使われています。とくに29小節以降、再現（43小節）までは低音保属音上に複調的な不協和音による複雑な響きがします。

ボロディン風に
シャブリエ風に

　やはり1913年に作曲されたこの2曲の《～風に》は、当時フランスで流行していた、有名な作曲家作品のパロディー音楽です。ワーグナーの音楽のパロディーが、フォーレやシャブリエの作品として広く知られています。

　《ボロディン風に》は、1889年のパリ万国博覧会を契機に、ムソルグスキー、リムスキー・コルサコフ同様に人気が出てきた、ロシア近代音楽の作曲家、ボロディンの音楽的特徴を生かしたパスティーシュ（模造品）です。ボロディンのオペラ《イーゴリ公》から、有名な〈ダッタン人の踊り〉の乙女たちの音楽等の特徴が巧みに使われながらも、同じ舞曲でも、よりノーブルな演奏会用ワルツに作曲されているところが、ラヴェルらしい才気を感じさせます。

　《シャブリエ風に》は、これも有名なフランスオペラ、グノーの《ファウスト》第3幕のアリア、ジーベルの〈花の歌〉のパラフレーズとして作曲されています。シャブリエ風というのは、ピアノによる技巧的な自由な書き換え＝パラフレーズのスタイルの事かと思います。ラヴェルは、ドビュッシーやラヴェルに先立ち、近代フランス音楽の魅力を生み出したシャブリエの音楽を大変好んでいたので、グノーのオペラをシャブリエ風にパラフレーズするという二重の意味でパロディーとしたようです。

前奏曲

　パリ音楽院の初見視奏コンクールのため、1913年に作曲された、27小節の小品です。

　全体的にラヴェルらしい白鍵を中心にした旋法的な優しい響きに、12～15小節に一番特徴的にみることが出来るような、半音階的にぶつかり合う、クールで刺激的な和声の魅力が聴かれます。ピアノ4手のための《マ・メール・ロワ》の初演者の少女のひとり、ジャンヌ・ルルーに捧げられています。

校訂の方法

　この楽譜は、ピアノ学習者がなるべくラヴェルの音楽を理解しやすく学べるように意図した実用版です。
　《グロテスクなセレナード》以外、初版以来の重要な誤植については、フランスにおいて行われている伝統的な修正を校訂に採用しました。《グロテスクなセレナード》の校訂上誤りと思われる個所、11～12小節の右手の和音（譜例参照）については、修正してあります。
　《ハイドンの名によるメヌエット》と《プレリュード》はデュラン版。《古風なメヌエット》はエノック版を、それ以外はサラベール版を底本としました。
　校訂者による補足（臨時記号、音価、休符、フレーズ等）はすべて角カッコ〔　〕で明示しました。またフランス語による楽語は（　）内に意訳を付しました。
　「指使い」については、ラヴェル自身は全く指示していませんが、学習者のために一般的と思われるものを校訂者がつけました。

　「ペダリング」（ダンパーペダルと弱音ペダル）については、初版に印刷されているものはそのまま残しました（℘、❋）。これらはごく一部の指示であり、また一貫性に欠けるため、指使い同様学習者のために、実用的なペダルを校訂者がつけてあります。ただし、当然ながら、演奏者、楽器、会場等の条件で変化しうるものです。校訂者によるペダル表示のための記号は以下の通りです。

℘　　ダンパー・ペダル
(℘)　ペダル全部を上げず、半分まで上げて替える
❋　　ダンパーペダルを上げる
u.c.　弱音ペダル（左ペダル）＝ウナ・コルダ
t.c.　弱音ペダルを上げる＝トレ・コルデ

【譜例】

○で囲った音は自筆譜では・（スタッカート）の間違いと思われる。

［校訂者紹介］

中井正子（なかい・まさこ）

　東京藝術大学附属高校在学中、パリ国立高等音楽院に留学。ピアノ科を審査員全員一致の1等賞首席で卒業。第3課程研究科に入学、1980年ジュネーヴ国際音楽コンクール第3位銀賞、1981年ロン・ティボー国際音楽コンクールのフランス音楽特別賞他を受賞。ドビュッシーピアノ作品全曲演奏、ラヴェルピアノ作品全曲演奏、ショパンシリーズ、シューマンシリーズ等、国内外でのリサイタルを始めオーケストラと共演等多数の演奏活動を行う傍ら東京藝術大学ピアノ科では20年以上後進の指導にもあたってきた。CDはドビュッシー全曲、ラヴェル全曲、ショパン、シューマン、バッハ、モーツァルト、シューベルト、ベートーヴェンの13枚（ALM Records）他、2022年にはツェルニーコンクールを開催、ツェルニーのCDをリリース。校訂楽譜はドビュッシー全集をはじめ、ラヴェル、バッハ、ハノン等19冊（ハンナ社、音楽之友社）、書籍は「ドビュッシーピアノ全作品演奏ハンドブック」（アルツパブリッシング社）他3冊出版。ツェルニーコンクール主催やバッハ・平均律全曲コンサートなど、多くの企画を実践。中井正子日仏ピアノアカデミー主宰代表。
ホームページ　https://nakaim-p-academie.wixsite.com/nmp-academie

ラヴェルピアノ作品全集Ⅴ　実用版

小品集

2010年11月30日　初版発行
2024年4月17日　第4版発行

定　価　本体1,100円＋税
校訂者　中井正子
発行所　株式会社　ハンナ
　　　　〒153-0061
　　　　東京都目黒区中目黒3-6-4-2F
　　　　Tel 03-5721-5525
　　　　Fax 03-5721-6226
　　　　http://www.chopin.co.jp
印刷所　モリモト印刷株式会社

©Hanna Corp.2013 Printed in Japan
ISBN 978-4-88364-305-9
この音楽著作物の全部または一部を権利者に無断で複製（コピー）することは、著作物の侵害にあたり、著作権法によって罰せられます。